Husten, Schnupfen und andere Kleinigkeiten...

Wichtig: Was hier beraten wird, soll keinesfalls den Arzt, Hebamme oder Heilpraktiker ersetzten. Es soll vielmehr das Allgemeinwissen und den Wert natürlicher Heilkräfte erweitern, damit man sich bei Bedarf mit einfachen, natürlichen Mitteln selbst helfen kann.

Es ist selbstverständlich, dass bei ernsthaften Erkrankungen ärztliche Hilfe unumgänglich ist. In einem solchen Fall kann eine Selbstbehandlung lebensbedrohlich sein.

Die Autorin kann daher keine Haftung für Folgen aus dem richtigen oder unrichtigen Gebrauch der hier dargestellten Methoden und Rezepten übernehmen.

Häufig werde ich bei einer Arbeit oder auch nach Feierabend über das Handy kontaktiert und Eltern möchten gern eine schnelle Hilfe für die Beschwerden ihres Babys, ohne gleich zur Schulmedizin zu greifen. Somit soll dies ein

gestammeltes Nachschlagewerk sein von
natürlichen Heilmethoden, die ich kenne.

Liebevoll betreut werden! Leider kommt es
immer wieder vor, dass Eltern ihr Kind krank
in den Kindergarten oder die Schule geben.
Mal ehrlich, wollen wir arbeiten, wenn wir uns
nicht gut fühlen? Wir haben ein starkes
Pflichtgefühl und gehen arbeiten. Aber wir
wären auch lieber Zuhause im Bett! So ein
Kindergartentag ist laut und wild. Keine
Ruhephasen wann es als krankes Kind braucht.
Meine Meinung daher ganz klar, ein krankes
Kind gehört nach Hause! Mal ganz davon
abgesehen, dass es natürlich auch
Erzieherin/Lehrer und andere Kinder anstecken
kann.

Geborgenheit und liebevolle Pflege ist jetzt
besonders wichtig für die Genesung.

Kranke Kinder mögen nicht gern allein sein.
Bau am besten das Krankenbett im
Wohnzimmer auf, damit dein Kind am
täglichen Geschehen teilhaben kann. Die

Allerkleinsten sind meist sowie so auf dem Arm.

Auch zu den „Hausmitteln" gehören für mich die Zeit mit dem Kind gemeinsam zu gestalten. Geschichten vorlesen oder anhören, Streicheleinheiten, aus dem Krankenbett eine Höhle bauen und vielleicht ein Arztkoffer, mit dem das kranke Kind sein Kuscheltier pflegen kann.

Wann solltest du zum Kinderarzt gehen und keine Hausmittel verwenden?

- wenn du dich unsicher fühlst und ein komisches Gefühl hast oder in Sorge bist
- wenn dein Baby Durchfall oder starkes Erbrechen hat
- dein Kind hohes Fieber hat
- die Fontanelle eingefallen ist
- dein Kind ungewöhnlich ruhig ist oder sehr unruhig

– bei akuter Atemnot
– und bei Nebenwirkungen von
Medikamenten

Klassiker der Hausmittel:

Wickel und Kompressen

Unter einem Wickel versteht man eine
Anwendung, bei der ein bestimmter Bereich
des Kindes eingewickelt wird. Kompressen
bedecken einen kleinen Körperbereich.

Bäder und Waschungen

Beides sind bewährte Hausmittel. Hier sind die
Zeiten und Temperaturen wichtig zu beachten!

So kannst du dein Kind unterstützen

Auge

verklebtes Auge

Das Sekret ist bei einer Entzündung meist grünlich und das Augenweiß gerötet. Sondert das Auge gelbliches oder weißes Sekret ab, ist dies meist harmlos und kann selber behandelt werden. Immer beide Augen behandeln.

Homöopathie: Euphrasia Augentrost (nicht wenn es eitrig ist), Augentropfen

Ätherische Öle: Lavendel-Hydrolat auf einen Wattebausch sprühen und das Auge vorsichtig von aussen nach innen wischen

Hausmittel: Kochsalzlösung. 500 ml Wasser plus 4,5g Salz (unbedingt exakt messen!). Das Wasser aufkochen, das Salz darin auflösen. Abkühlen lassen und mit einer Pipette von außen nach innen (also zur Nase hin) in das Auge tropfen. Am besten 3-4-mal täglich wiederholen. Nicht mit der Pipette das Auge berühren.

Muttermilch kann stattdessen auch verwendet werden!

Schüßlersalz: Nr 11

Bitte zum Kinderarzt:

- wenn das Auge länger als 48 Stunden entzündet ist
- Die Lider anschwellen
- das Baby /Kind Schmerzen hat
- das / die Augen jucken
- wenn, dass Kind Kontakt zu Personen mit Herpesbläschen hatte

Bindehautentzündung

Homöopathie: Sambucus Nigra D3 3x tägl. 1-3 Globuli, ISO-C Augentropfen

Ätherische Öle: Lavendel, Rosmarin, Teebaum, oder Zitrone 1 Tropfen verdünnt um das Auge im weiten Bogen, bei Babys auf die Fußsohle

Hausmittel:

Schüßlersalz: Nr. 11

Nase/Schnupfen

Hier gilt es vor allen zu unterscheiden, wann es eine Schnupfnase ist und wann die Nase einfach verstopft ist.

Von einer Schnupfnase spricht man erst, wenn die Nase tatsächlich läuft. Eine verstopfte Nase hingegen entsteht recht schnell zum Beispiel durch angetrocknete Milchreste in der Nase.

Homöopathie: Nasenbalsam für Kinder (Wala), Agrophyron Velati von Wala
Ähterische Öle: Eukalyptus verdünnt
Hausmittel: Kochsalzlösung
Schüssler Salz: Nr. 4/ Nr. 12/ Nr. 8 je nach dem, um was für einen Schnupfen es sich

handelt

Symptome, wann zum Arzt: *Bei Fieber solltest du einen Kinderarzt aufsuchen. Denn der Schnodder kann leicht auf die Ohren drücken und somit zu Ohrenschmerzen führen.*

Nabelpflege

Nabelpflege sollte von deiner Hebamme übernommen werden. Solltest du keine Hebamme habe, findest du hier einige Hilfestellungen.
Leichte Blutungen aus dem Nabel sind in der Regel harmlos. Bist du beunruhigt, frage deine Hebamme oder deinen Kinderarzt.

Symptome, wann zum Arzt: *Sollte der Nabelstumpf entzündet aussehen bitte Hebamme oder Kinderarzt kontaktieren.*

Homöopathie: Calendula Essenz

Ätherische Öle: Myrrhe und Weihrauch in
einer Mischung 1 Tropfen ätherisches auf 30
Tropfen Pflanzenöl. Davon 1 Tropfen sanft um
den Nabel auftragen.

Hausmittel: Kochsalzlösung

Ohren

Krankheiten: Mittelohrentzündung,
Ohrenschmerzen

Häufig sind Ohrenschmerzen ein
Begleitsymptom. Zum Beispiel bei einer
Erkältung oder auch beim Zahnen. Natürlich
können Ohrenschmerzen auch allein auftreten.

Symptome, wann zum Arzt: Dein Baby greift
sich an Ohr, ist weinerlich, mag nicht Essen.
Bei Fieber in jedem Fall zum Arzt

Homöopathic: Apis Globuli, Aconi
Ohrentropfen, körperwarm ÖL in das Ohr, oder
auf einen Wattebausch

Ätherische Öle: Cajeput und Lavendel
(äußerlich anwenden!)

Hausmittel: Zwiebelsäckchen, Nacl in beide
Nasenlöcher, denn eine freie Nasenatmung ist
die Voraussetzung für eine gute Belüftung des
Mittelohres

Zahnen

Dein Baby hat rote Wangen, mag nicht Essen
bzw. nicht kauen. Manchmal treten auch
erhöhte Temperatur auf. Auch Durchfall und /
oder Erbrechen sind nicht selten.

Homöopathie: Osanit, Chamomilla D6

Ätherische Öle: 1 Tropfen Copaiba, 1 Tropfen
Lavendel oder 1 Tropfen römische Kamille
verdünnt auf 30 Tropfen Pflanzenöl zum
Beispiel auf eine Knotenstoffpuppe oder auf
deinen sauberen Finger geben. Dann kann das
Kind darauf kauen.

Hausmittel: Auf einer Veilchenwurzel kauen
lassen.

Schüßlersalz: Nr. 2

Bauchweh

Häufigster Grund sind Verdauungsprobleme. Meist Luft im Bauch. Oder Darmanspassungsvorgänge die sich noch nicht eingespielt haben. Hier sollte vorab immer ein bisschen nach Ursachen geschaut werden!

Homöopathie: Camomilla (vor der Mahlzeit), Cavum carvi → 1-2 Stunden vor der Kollikzeit

Ätherische Öle: 1 Tropfen Fenchelöl in Pflanzenöl verdünnt und damit eine Bauchmassage durchführen, oder auch 1Tropfen römische Kamille in eine Schüssel mit warmem Wasser. Darin eine Stoffwindel tauchen und einen Wickelumschlag daraus machen

Hausmittel: Ein warmes Bad mit Lavendelöl oder eine kleine Bauchmassage. Hierzu gibst du einige Tropfen Kümmelöl in deine

Handflächen. Massiere nun mit sanften
Kreisbewegungen im Uhrzeigersinn um den
Nabel. Ähnlich wie ein Schneckenhaus mit
kleinen Kreisen beginnen und dann unter dem
Nabel immer größer werden. Auch ein
Wärmekissen kann Linderung schaffen. Aber
Achtung! Verbrennungsgefahr!

Durchfall / Erbrechen

Beides muss sehr ernst genommen werden, da
die Gefahr des zu hohes Flüssigkeitsverlustes
lebensbedrohlich sein kann! Besonders sollte
kein Kind jünger als 1 Jahr sein. Hier gilt sollte
es nicht nach 12 Stunden besser sein, oder gar
nicht bei sich behalten können, sofort zum
Arzt!

Viel trinken ist hier sehr wichtig. Alle 5
Minuten einen Teelöffel.

Krankheiten: Virus

Homöopathie: Nux vomica (bei Erbrechen),
Bolus dba comp. Pulver

Ätherische Öle: Lavendel und Myrre können bei Durchfall helfen, Pfefferminzöl (stark verdünnt!) kann bei Erbrechen helfen

Hausmittel: Wenn dein Kind noch gestillt wird, unbedingt weiter Stillen! Elektrolytlösung bekommst du vom Kinderarzt. Wenn nicht mehr ausschließlich gestillt wird, geht auch Fencheltee.

Symptome, wann zum Arzt: Häufige Darmentleerung, übelriechend, dazu schwallartiges Erbrechen, innerhalb von 12 Stunden keine Besserung, sofort zum Arzt.

Verstopfung

Wenn ein Kind länger als vier Tage nicht abgeführt hat spricht man von einer Verstopfung. Dies gilt nicht, für voll gestillte Kinder! Harter fester Stuhl kann auch ein Zeichen von Verstopfung sein.

Tritt häufig auf bei Umstellung auf Fertigmilch

und / oder Einführung der Beikost

Homöopathie: Aquilium comp. Globuli (Wala)

Ätherische Öle: Kampfer und Fenchel

Hausmittel: Backpflaumen, über Nacht in Wasser eingeweicht, davon sollte dein Kind vor dem Frühstück 2-3 von kauen. Warmes Wasser schluckweise trinken lassen gern mit einem kleinem Schuss Zitrone. Manchmal hilft auch Buttermilch sehr gut. Wenn der Kot bereits sehr fest ist, kann ein Minieinlauf helfen.

Symptome, wann zum Arzt: Wenn dein Baby sich sichtbar und hörbar quält, weil es keinen Kot ausscheiden kann.

Schüßlersalz: Nr. 10

Frieren – richtiges Anziehen

In der Wohnung gilt 2 Lagen überall (Langarmbody, Pullover / Strumpfhose und

*Strampler oder Strampler und Wolldecke)
Sollte dein Baby dennoch kalt sein an den
Ärmchen und / oder Beinchen wärme es durch
Körperkontakt und zusätzlich einer Decke.
Hände und Füße sind häufig kalt und nicht
immer ein Anzeichen für frieren.*

*Für draußen, gilt dann dreilagig! Immer eine
Lage mehr als Du!*

*Sollte dein Baby einen nass geschwitzten
Nacken haben, ist es zu warm angezogen!
Daher empfiehlt es sich, „Zwiebel – Look" zu
tragen. So kannst du deinem Baby bei Bedarf
etwas zusätzlich an- und bei Bedarf ausziehen.*

Fieber

Fieber hat eine wichtige Funktion und sollte
daher nicht grundsätzlich unterdrückt werden.
Steigt das Fieber jedoch über 39°C können
folgende Mittel helfen.

Ein fiebernder Säugling sollte immer innerhalb
von 24 Stunden von einem Kinderarzt
angeschaut werden!

Homöopathie: Belladonna D6,
Viburcolzäpfchen

Ätherische Öle:

Hausmittel: Wadenwickel (erst nach dem
ersten Lebensjahr! Und nur, wenn Arme und
Beine warm sind!), Pulswickel für die
Kleinsten, reichlich trinken

Schüßlersalz: Nummer Nr. 3
Haut

Neugeborenen Akne

Kleine Pickelchen, meist im Gesicht und von
dort Richtung Kopf und auch Richtung Brust.
Von trocken schuppig bis rötlich, entzündlich.
Ursache ist eine hormonelle Umstellung.

Hier hilft am besten Stiefmütterchenkrauttee
und damit die betroffenen Stellen betupfen.

Insektenstich → Biene / Wespe

Sehr gefährlich im Halsbereich, dann immer
112! Wenn möglich, Eiswürfel lutschen lassen,
Hals mit einem Kühlpack kühlen.

Klassisch sind hier zu erwähnen die Wespen-
und Mückenstiche.

Homöopathie: Apis C30

Ätherische Öle: Lavendelöl

Hausmittel: Zwiebelhälfte drauf oder damit die
Stelle abreiben

Schüßlersalz: Nr. 8

Milchschorf

Krankheiten:

Homöopathie: Stiefmütterchenkrauttee

Ätherische Öle: reines Aloe Vera Gel und
einen Tropfen Copaibaöl mischen. Auf den
Kopf aufgetragen kühlt es und beruhigt den

Juckreiz. Kann im Wechsel auf mit Pflanzenöl durchgeführt werden. Auch Zitrone in Pflanzenöl kann Linderung schaffen.

Hausmittel: Schuppen mit Olivenöl betupfen, nach etwa 30 Minuten mit einem Kamm die Schuppen rauskemmen.

Kopfgneiß

Aus medizinischer Sicht ist eine Behandlung nicht nötig.

Krankheiten: gelblich bis bräunlich, fettig wirkende Schuppen auf der Kopfhaut. Meist zwischen der ersten Lebenswoche und dem dritten Lebensmonat.

Homöopathie:

Ätherische Öle: Beim nächsten Baden, das Köpfchen mit warmem Wasser benetzen, dann verdünnt Lavendel, Zitrone, Teebaumöl oder Rosmarin mit einem Pflanzenöl vermischt auf den Kopf einmassieren löst die Schuppen, die sich dann ausbürsten lassen.

Hausmittel:

Soor

Weißlicher Belag typischerweise im Mund oder Windelbereich. Der Belag lässt sich nicht einfach wegwischen (im Gegensatz zu Milchresten) und tritt im Mundbereich häufig an der Innenseite der Lippen auf. Im Windelbereich gleicht das Aussehen einem wunden Po.

Homöopathie: Albicansan D5 Tropfen (Sanum), 1 x tgl. je nach Alter deines Kindes

Ätherische Öle: 1 Tropfen Lavendel oder1 Tropfen Kamille auf 30 Tropfen Pflanzenöl. Diese Mischung auf ein sauberes Wattestäbchen und damit die betroffenen Stellen im Mund einreiben bei Bedarf auch den Po. Die Mutterbrust muss immer mitbehandelt werden! Hier wird Lavendel – oder Rosenhydrolat nach dem Sillen aufgetragen.

Hausmittel: Soor im Windelbereich? Hier helfen Sitzbäder in schwarzem Tee. Bei einem wunden Po kann auch ein Sitzbad in Kamille Linderung schaffen. Bei Windelsoor, niemals in Kamille sitzbaden. Oder Albicansan D3 Salbe (Wala)

Wachstumsbeschwerden

Dein Baby wächst sehr schnell. Häufig begleitet ist dies von Knochenschmerzen.

Homöopathie: Calcium phosphoricum, Symphytum comp. Globuli (eher in der 2ten Tageshälfte)

Ätherische Öle: Cajeput oder Kampfer oder Minze

Hausmittel: warme oder auch kühle Umschläge.

Schüßlersalz: Nummer 7, Nr. 2

Wunder Po

Krankheiten: Wund sein / Windeldermatitis
oder auch Soor / Windelpilz

Der Po deines Babys ist rot und pickelig. Lasse
viel Luft und Licht an den Po. Am besten lässt
du dein Baby tagsüber mit offener Windel in
Bauchlage schlafen. ACHTUNG vorm
Auskühlen!

Sollte die Haut trotz guter Pflege nicht besser
werden, oder die Fläche sich vergrößern, ist
von einem Windelpilz auszugehen. Hier habe
ich die besten Erfahrungen mit einer Multilind
Salbe gemacht!

Reinige den Po am besten unter dem
Wasserhahn, oder verwende starken schwarzen
Tee. Achte auf die Temperatur!

Homöopathie: Calendula Babycreme, Rosatum
Heilsalbe

Ätherische Öle: je 1 Tropfen römische Kamille plus 1 Tropfen Lavendel in 30 Tropfen Pflanzenöl verdünnen und die wunden Stellen damit betupfen.

Hausmittel: Sitzbad in Kamille oder Eichenrinde. Windel häufig wechseln, viel Licht und Luft rankommen lassen. Keine Feucht- oder Öltücher nutzen. Zum Reinigen stark aufgebrühten schwarzen Tee nutzen.

Nachtschreckt

Wenn es sich um einen gesicherten Nachtschreck handelt, klassisch, dein Baby macht weinend in der Nacht auf, schreit, haut um sich, schlafwandelt vielleicht, ist aber nicht wirklich wach. Nicht zu vergleichen, mit nächtlichem aufwachen durch Zahnen oder Aufarbeiten eines aufregenden Tages.

Homöopathie: Arsenicum album D12

Ätherische Öle: Lavendelöl

Hausmittel: warme Milch mit Honig,

Lavendelbad / Lavendelfußbad

Ideen für die Hausapotheke

Homöopathie: Apis , belladonna

Ätherische Öle: Lavendel, Zitrone, Pfefferminze, Weihrauch, Copaiba, Wintergrün und ein nährendes, antioxidatives Pflanzenöl wie Jojoba-, Mandel-, Kokosöl oder auch andere

Öle werden niemals in Augen oder Ohren gebracht, sondern immer nur äußerlich bei Babys und Kleinkinder angewandt

Hausmittel:
Hinweis für die Anwendung von Schüßlersalzen bei Babys:

- Solange die Mutter noch stillt, kann die Mutter die Salze einnehmen. Sie tun auch der Mutter gut.
- Eine andere Möglichkeit ist es die Salze

in abgekochtem Wasser aufzulösen und das Kind per Löffel zu geben. Bitte immer einen Plastiklöffel verwenden.

– Babys mögen es auch gern, wenn eine halbe Tablette fein zerdrückt wird, und der angefeuchtete Schnulli in das Pulver gedrückt, abgelutscht werden darf.

Für Kleinkinder können die Salze zum Lutschen oder in Wasser aufgelöst in kleinen Schlucken gegeben werden.

Ätherische Öle für Kinder – Hinweise zur Anwendung:

- **Kindersicher** aufbewahren
- **Keine unverdünnten Öle** für Säuglinge und Kleinkinder
- **Neugeborene** dürfen **nicht** mit ätherischen Ölen inhalieren und ältere Kinder sollten nie unbeaufsichtigt inhalieren
- Bei Kindern **immer geringer dosieren**
- **Besondere Vorsicht bei Kindern unter 3 Jahren:** Kampfer, Eukalyptus, Thymian,

Cajeput und Pfefferminz (Menthol) – NIE im
Gesicht oder Brustbereich anwenden

Anwendung von Wickeln, Waschungen,

Hausmittelapotheke

Die Grundausstattung:
- *Fieberthermometer*
- *Vaseline oder Fettcreme*
- *Zeckenkarte*
- *Splitter - Pinzette*
- *Pflaster*
- *sterile Kompressen*
- *Mullbinden*
- *Wärmekissen*
- *Coolpack*

Wickelzubehör:

- *Wickeltücher*
- *Heilwolle*

Buchempfehlung: *Kindersprechstunde*
Duftmedizin für Kinder
Hausmittel für Kinder
Kinderkrankheiten
Quickfinder Homöopathie
für Kinder

Lebensquell Schüßlersalze

Empfehlungen für die Kinderhausapotheke mit freundlicher Genehmigung meiner Partnerapotheke Post-Apotheke Volksdorf sowie Unterstützung meiner langjährigen Kollegin Claudia Schimkat, Kinderintensivkrankenschwester und Heilpraktikerin www.sicherheit-am-kind.de

Standard:

- Fieberthermometer
- Kühlpack (klein und groß), immer einschlagen wegen Gefrierbrand!
- Bepanthensalbe oder Panthenolsalbe

Bei Fieber:

- Paracetamolzäpfchen (75mg, 125 mg, 250 mg je nach Alter des Kindes) oder Ibuprofen Fiebersaft oder Ferrum phos. Zäpfchen D6 von Weleda
- Viburcolzäpfchen (auch bei Unruhezuständen ohne Fieber)

Bei Durchfall:

- Perenterol junior 250 mg (ab 2 Jahre)
- Oralpädon (gleicht den Flüssigkeitshaushalt aus)

Bei Übelkeit/Erbrechen:

- Emesanzäpfchen ab 3 Jahre, Vomex A (ab 8 kg) oder
Gentiana Magen Globoli D6 oder Nux vomica Globuli D6
- Oralpädon
Bei Blähungen:
- Kirschkernkissen
- Sabsimplex (auch bei Spülmittelvergiftung) oder Lefax oder
Carum Carvi Kinderzäpfchen von Wala oder Windsalbe
- Milchzucker (abführend)
Bei Erkältungen:
- Hustensaft, z.B. Bronchipretsaft oder Prospansaft oder Hepar Sulf Globuli D6
- Nasentropfen, z.B. Otriven 0,025%
- Meersalznasentropfen oder NaCl 0,9% Plastikampullen

- Babix Tropfen, Babix Babybalsam
Bei Zahnweh:
- Dentinoxgel oder Osanit Zahnglobuli oder
Chamomilla e radice D6 Globuli
oder Kamistad Baby Gel
Bei Sonnenbrand / Mückenstich kleinere
(geschlossene) Verbrennungen, Brandblasen:
- Combudoron Gel oder Fenistil Gel
(im Kühlschrank lagern, es ist dann angenehm
kühl!)
- Sonnencreme (muss geeignet sein für Kinder
unter 1 Jahr!)
Bei Insektenstich:
- Zeckenkarte oder Zeckenzange
- Apis C30
- Anti Brumm Naturel (Insektenschutz, ab 1
Jahr)
- Bite away Stift (mit Batterien)
Bei herausgebrochenem Zahn:
- Zahnrettungsbox, z.B. Dento safe
Bei Wunden/Verletzungen/Quetschungen:
- Arnica D6
- Hypericum C30
- Traumeel S
Bei akuter Vergiftung:Notfallmedikament:
Medizinische Kohle,

z.B. Kohle Pulvis
Giftinformationszentrum: 0551-19240
Verbandmittel

Am preisgünstigsten ist ein Kfz-
Verbandskasten, darin ist fast alles enthalten,
vielleicht ergänzen:
- bunte Kinderpflaster
- Sprühpflaster (für Verletzungen, bei denen
kein Pflaster hält, z.B. Kopf, wegen
der Haare)
- Leukostrip
- 5x5 cm Kompressen und elastische
Fixierbinden (4 cm x 4m)
- Aluderm Kinder-Kompresse (bei
Verbrennungen)
- Splitterpinzette
- Desinfektionsmittel, z.B. Octenisept
- Hautdesinfektion: Sterilem Classic Pure
Lösung
- Einmalkühlpack (für unterwegs oder Urlaub)
- Rettungsdecke
- Einmalhandschuhe
Für die Reiseapotheke empfiehlt sich eine
durchsichtige Tasche:
- Für den Urlaub sollten Sie immer eine kleine

Auswahl „ihrer Medikamente"
mitnehmen, dann sind Sie sicher das der
Hustensaft auch immer genommen wird.
- Fieberthermometer
- Die Verpackung der Medikamente zu Hause
lassen, aber den Beipackzettel mit
Gummiband an den Medikamenten fixieren.
- Gegebenenfalls spezielle Informationen über
das Reiseland (Reisebüro,
Tropeninstitut HH) einholen.
Dies sind unverbindliche Empfehlungen.
Keine Medikamentengabe ohne Rücksprache
mit dem Kinderarzt!
Diese Liste wurde in Zusammenarbeit mit der
POST-APOTHEKE-VOLKSDORF
zusammengestellt.
Homöopathische Medikamente sind kursiv
geschrieben.